베네딕도 16세와 함께하는 성주간 묵상

JOSEPH RATZINGER
MEDITATIONEN ZUR KARWOCHE

© Libreria Editrice Vaticana, Città del Vaticano
All rights reserved.

Translated by KIM Heyjin
Korean translation copyright © 2021 by Benedict Press,
Waegwan, Korea.
Korean translation rights arranged with Libreria Editrice Vaticana,
Città del Vaticano.

베네딕도 16세와 함께하는 성주간 묵상

2021년 1월 28일 교회 인가
2021년 2월 18일 초판 1쇄

지은이	요제프 라칭거
옮긴이	김혜진
펴낸곳	성 베네딕도회 왜관수도원 ⓒ 분도출판사
찍은곳	분도인쇄소
등록	1962년 5월 7일 라15호
주소	04606 서울시 중구 장충단로 188 분도빌딩 102호(편집부)
	39889 경북 칠곡군 왜관읍 관문로 61(분도인쇄소)
전화	02-2266-3605(분도출판사) · 054-970-2400(분도인쇄소)
팩스	02-2271-3605(분도출판사) · 054-971-0179(분도인쇄소)
홈페이지	www.bundobook.co.kr

978-89-419-2101-1   03230

이 책의 한국어판 저작권은 Libreria Editrice Vaticana와 독점 계약한 분도출판사에 있습니다. 저작권법에 의해 한국 내에서 보호를 받는 저작물이므로 무단 전재와 무단 복제를 금합니다.

베네딕도 16세와 함께하는

성 주 간 묵 상

분도출판사

차례

성금요일 ——— 7
첫 번째 묵상　　9
두 번째 묵상　　17
기도　　23
청원　　25

성토요일 ——— 27
첫 번째 묵상　　29
두 번째 묵상　　36
세 번째 묵상　　42
기도　　45

성금요일

첫 번째 묵상

"그들은 자기들이 찌른 이를 바라보리라"(19,37). 요한 복음사가는 주님의 수난 사화를 이 문장으로 끝댓습니다. 또한 그는 우리가 "신비로운 계시"라고 부르곤 하는 신약성경의 마지막 책을 이 문장으로 시작하면서 오실 그리스도의 모습을 제시합니다(묵시 1,7 참조). 구약의 이 예언적 말씀(즈카 12,10 참조)이 두 번 인용되는 사이에서 모든 이야기가 펼쳐집니다. 즉, 주님의 십자가 못 박힘과 재림 사이에서 이 말씀은 교수대에서 범죄자처럼 돌아가신 분의 굴욕에 관해, 또한 세상을 심판하러 오실 우리 심판관의 능력에 관해서 말하고 있습니다. "그들은 자기들이 찌른 이를 바라보리라." 요한복음 전체는 이 말의 성취 외에 아무것도 아닙니다. 요한복음은 다름 아니라 우리 눈과 마음을 그분을 바라보는 데 집중하기 위해 노력해야 한다고 말하고 있습니다. 그리고 교회의 모든 전례의 핵심은 성금요일 전례의 절정인 사제가 가려진 그분의 얼

굴을 세상과 교회의 눈에 드러내 이 뚫린 곳을 보게 하는 것입니다.

"보라, 십자 나무. 여기 세상 구원이 달렸네." "그들은 자기들이 찌른 이를 바라보리라." 주님, 이 시간에 당신을 바라보게 해 주십시오. 이 세상은 십자가를 언짢은 사고쯤으로 넘기고 싶어 하고, 시간 낭비라고 여기며 당신의 눈길을 피하고 있습니다. 당신이 은폐되고 굴욕당하는 이 시간에 당신을 바라보게 해 주십시오. 이 세상은 당신의 시간이 오고 있음을 알지 못합니다. 그때는 누구도 당신의 눈길에서 벗어날 수 없습니다.

요한 복음사가는 십자가에 못 박힌 그리스도께서 꿰뚫린 사건에 관해 매우 자세하고도 특유의 장엄한 표현을 사용해 기술합니다. 이를 보면 그가 이 사건을 얼마나 중요하게 여겼는지 알 수 있습니다. 요한은 이 사건을 거의 주문을 외는 듯한 말로 끝맺는데, 마지막 두 문장은 구약의 두 본문에 바탕한 것입니다(탈출 12,46; 즈카 12,10 참조). 이것들을 통합해 보면 이 사건의 의미가 밝혀집니다.

요한은 "그의 뼈가 상하지 않으리라"(19,36) 하고 말합니다. 이는 유다인의 파스카 전례에서 유래한 말로 해방절의 희생양에 관한 규정 중 하나입니다. 요한은 성전에서 해방절 양을 도살하는 전례가 행해지는 같은 시간에 예수님의 옆구리가 꿰뚫렸음을 암시합니다. 이로써 예수님께서 모든 예배와 전례의 의미를 마침내 성취하는 참되고 흠 없는 해방절 희생양임을 밝힙니다. 그렇습니다. 예배가 참으로 의미하는 바가 무엇인지 처음으로 분명해진 것입니다. 그리스도 이전의 모든 예배는 궁극적으로 대리자 개념에 기반을 둡니다. 인간은, 하느님을 경건한 방법으로 경배하고자 한다면 기본적으로 자신을 내어 주어야 한다는 사실을 알고 있습니다. 그러나 동시에 자신을 내어 준다는 것이 불가능하다는 것을 경험하고는 대리자를 발전시킵니다. 고대의 제단에서는 수많은 희생 제물이 번제물로 활활 타오르는 파괴적인 예배 방식이 만연했습니다. 그렇지만 인간을 대체할 수 있는 것은 어디에도 없기에 그런 방식이 헛수고라는 생각을 떨칠 수 없었습니다. 무엇을 바치든 그러한 예배는 늘 무언가 부족했습니다. 예언자적 예배 비판가들은 제관의 자기 확신을 거듭해서 반박했습니다. 온 세상을 소유한 하느님에게 염소나 황소는 필요하지 않습니다. 의례의 화려한 겉치레는 근원적인 것에서, 하느님의 부르심에서 도망가는 우리를 숨길 뿐입니다. 하느님은 우리 자신을 원하시고, 무조건적인 사랑의 몸짓으로만 진정 찬양받으시는 분입니다. 성전에서 해방절 양이 피를 흘릴 때 도시 밖에서 사람이 죽었습니다. 성전에서 하느님을 찬양한다고 생각하고 있는 바로 그들에 의해 하느님의 아들이 죽임을 당했습니다. 하느님은 인간으로서 죽으십니다. 그분은 자기 자신을 내어 줄 수 없는 인간들에게 자기 전부를 내어 주십니다. 그리고 그분은 무익한 희생 제사의 번제물을 당신의 완전한 사랑의 실체로 대체하십니다. 히브리인들에게 보낸 서간은 요한복음의 작은 암시를 더욱 확장했습니다. 유다의 속죄일 전례를 예수 그리스도의 삶과 죽음이라는 진정한 전례에 대한 비유적 서막이라고 해석했습니다. 정치범으로 유죄 판결을 받은 이 남자의 처형은 세계의 눈앞에서 전혀 신성하거나 종교적인 사건이 아니었습니다. 그러나 이 사건이야말로 세계사에서 유일하고 참된 전례였습니다. 전례 장소라는 제한된 범위 내에서, 즉 성전 안에서가 아니라 죽음의 장막을 통과해 참된 성전으로 들어가는 예수님을 온 세상에 드러내는 우주적 전례였습니다. 아버지 앞에 나아가 희생 제물의 피가 아니라 자기 자신을 바쳤습니다. 이는 자신을 바칠 만큼 큰 참사랑에 따른 것이었습니다. 자기 자신을 내어 주는 사랑의 실체가 이제 제물이 되었습니다. 이는 영원히 유효한 희생 제물입니다. 성전 휘장이 찢어졌습니다. 이제부터 영원한 우주적 속죄일인 예수 그리스도의 이 사랑에 참여하는 것보다 더 큰 예배는 없습니다. 또한 대신代身 또는 대표代表라는 개념은 예수 그리스도에게서 이제까지 없었던 새로운 의미를 얻었습니다. 하느님 자신이 예수 그리스도 안에서 우리를 대신하셨고, 우리 모두는 이 대리의 신비로 살아가고 있습니다.

'창에 찔린' 장면에 내포된 구약성경의 또 다른 텍스트는 의미를 더 명확하게 하지만, 암시하는 바를 자세히 이해하는 것은 어렵습니다. 요한은 한 군인이 창으로 예수님의 옆구리를 열었다고 말합니다. 이때 요한은 잠든 아담의 옆구리에서 하와가 창조되었음을 묘사할 때 사용된 구약의 단어를 차용했습니다. 좀 더 상세한 이 암시가 무엇을 의미하든 그가 말하고자 하는 바는 분명합니다. 즉, 남자와 여자 상호 간 그리고 각자의 창조 신비가 그리스도와 믿는 이들과의 관계 속에서 반복된다는 것입니다. 교회는 죽어 가는 그리스도의 이 열린 옆구리에서 기원합니다. 또는 좀 덜 비유적으로 표현하면, 바로 주님의 죽음, 자기를 내어 주기까지 한 극도에 다다른 사랑이 풍요로운 열매를 낳았습니다. 그분은 자신만을 위해 살고, 다른 어떤 것보다 자기 보호를 우선시하는 이기주의에 자신을 가두지 않았습니다. 오히려 그분은 자신을 떠나 다른 사람을 위해 존재하기 위해 자기 자신을 열어 두셨습니다. 이로써 그분은 자기 자신을 넘어 과거와 현재, 미래의 모든 시간에 무한히 도달합니다. 열린 옆구리는 새로운 인간상像, 새로운 아담을 상징합니다. 이 열린 옆구리는 다른 사람을 위한 인간 그리스도를 나타냅니다. 바로 여기에서 사람들은 예수 그리스도에 대한 신앙의 가장 심중한 표현을 이해할 수 있을 것입니다. 또한 이 열린 옆구리에서 십자가에 못 박힌 분의 절박한 사명이 우리 삶에서 분명해집니다.

신앙은 예수 그리스도에 대해 두 본성을 지니셨지만 한 인격이라고 말합니다. 그리스어 표현 '휘포스타시스'*Hypostasis*(위격, 실체)가 더 정확할 것입니다. 역사적 과정에서, 예수님에게서 인성의 어떤 부분이 빠져야 하는 것처럼, 하느님이 되기 위해 어떠한 지점에서 덜 인간적이어야 한다는 것처럼 오해되어 왔습니다. 그 반대입니다. 예수님은 참되고 권위 있는 인간입니다. 인류는 그분의 본래성(Eigentlichkeit)에 도달하기 위해 그분을 향해 가야 합니다. 그분은 자기 자신 안에 홀로 있는 '위격'이 아닙니다. 그분은 자기 자신 안에 홀로 있는 것을 뛰어넘어 홀로 머물러 있지 않고 홀로 있기를 원하지 않으십니다. 그래서 그분은 하느님 아버지로부터 와서 다른 사람을 향해 나아가기 위해 자신에게서 멀어집니다. 예수님은 바로 자신에게 멀어져 아버지에게로, 사람에게로 가는 움직임입니다. 바로 그렇기 때문에, 자신만을 맴도는 원의 고리가 그분에게서 근본적으로 끊어졌기 때문에 그분은 하느님의 아들이자 사람의 아들입니다. 한편, 그분은 온전히 다른 이들을 위한 존재였으므로, 그분은 온전한 자기이며, 참된 인간성의 모범입니다. 그리스도인이 된다는 것은 인간이 된다는 것입니다. 즉, 다른 이들을 위한 존재이자, 하느님으로부터 온 존재인 참된 인간존재가 되는 것입니다. 십자가에 못 박힌 자의 열린 옆구리, 새로운 아담의 이 치명적 상처는 참된 인간존재의 출발점입니다. "그들은 자기들이 찌른 이를 바라보리라."

두 번째 묵상

십자가에 못 박힌 그리스도의 열린 옆구리를 다시 한번 봅시다. 이를 보는 것이 성금요일의 본질적인 의미이기 때문입니다. 또한 이 세상에서 우리 이목을 끄는 모든 것들에서, 상점 진열대가 약속하는 신기루에서 눈을 돌려 참된 기준점을 바라보기 위해서입니다. 그 열린 옆구리를 봄으로써 같은 자리만 뱅뱅 도는 미로 속에서 출구를 찾을 수 있을 것입니다. 교회가 그리스도의 꿰뚫린 옆구리에서 기원한다고 요한은 생각했습니다. 이는 이전에 생각했던 방식과는 다르게 표현된 것입니다. 그는 피와 물이 그분의 옆구리에서 흘러나왔다고 지적합니다. 피와 물은 그에게 교회에서 기본이 되는 두 가지 성사인 성체성사와 세례성사를 암시합니다. 이 두 성사가 교회를 형성하며, 교회를 존재하게 하는 근본 바탕입니다. 세례성사와 성체성사는 인간이 예수 그리스도의 삶에 참여하는 방법입니다. 세례성사는 그리스도인이 되어 예수 그리스도의 이름 아래에 있다는 것을 의미합니다. 한 이름 아래에 있다는 것은 단순한 말장난에 그치는 것이 아닙니다. 우리는 이것이 의미하는 바를 결혼과 가족에게서 조금 엿볼 수 있습니다. 같은 이름을 쓴다는 것은 두 사람 사이에 이어진 서로 간의 존재의 매듭을 표현하기 위한 것입니다. 세례성사는 우리를 그리스도의 이름으로 하나로 묶는, 그리스도인이 되는 성사적 행위입니다. 이는 결혼과 유사한 과정을 뜻합니다. 그의 존재가 내 존재를 관통하는 것, 그의 삶이 내 삶에 들어오는 것, 그가 나에게 기준이 되고 나의 인간존재의 한 부분을 차지합니다. 성체성사는 그리스도와 함께하는 식탁에서의 친교입니다. 우리는 그분으로 변화되고, 서로 함께 변화되고자 합니다. 우리 모두는 같은 빵을 먹기 때문입니다. 우리는 주님의 몸을 단순히 우리 안에 받아들이는 것이 아닙니다. 주님의 몸은 우리에게서 우리를 끄집어내 그분에게 참여시켜 진실로 우리를 당신의 교회로 만들고자 합니다.

요한에게 두 성사는 십자가로 거슬러 올라갑니다. 그는 주님의 열린 옆구리에서 이 두 성사가 쏟아져 나오는 것을 보았고, 예수님께서 고별 담화에서 하신 말씀이 성취되었음을 발견합니다. "나는 갔다가 너희에게 돌아온다"(14,28). '나는 가면서 옵니다.' 그렇습니다. 나의 떠남, 즉 십자가 죽음 그 자체가 '나의 귀환'입니다. 우리가 살아 있는 동안 몸은 서로를 연결해 주는 다리이기도 하지만, 우리를 분리하고, 극복할 수 없는 자아 안, 즉 시공간 형태 안에 우리를 가두는 한계이기도 합니다. 열린 옆구리는 돌아가신 주님에게서 자라나는 새로운 개방성의 상징이 됩니다. 육체의 한계가 그분을 더 이상 속박하지 않습니다. 그분의 옆구리에서 흘러나온 피와 물은 역사를 통해 흐릅니다. 부활하신 그분은 우리 모두를 부르는 열린 공간입니다. 그분의 재림은 미래 마지막 날에 있는 먼 사건이 아닙니다. 그분의 재림은 그분 죽음의 시간에 시작되었습니다. 계속되는 새로운 십자가 죽음을 통해 그분이 우리 한가운데로 들어오십니다.

이렇게 주님의 죽음으로 밀알의 섭리가 성취되었습니다. "밀알이 땅에 떨어져 죽지 않으면 한 알 그대로 남아 있을 뿐입니다. 그러나 죽으면 많은 열매를 맺습니다"(요한 12, 24). 우리는 지금도 이 죽은 밀알의 열매를 먹습니다. 성찬례 때 우리가 받아 모시는 밀떡은 무한히 증대되는 예수 그리스도의 사랑의 빵입니다. 예수 그리스도의 사랑은 모든 세기의 굶주린 사람들을 배불리기에 충분하고, 또한 우리가 이 빵이 늘어나는 데 동참하기를 원합니다. 우리 삶에서 빵 몇 개는 아무 쓸모 없어 보이겠지만, 주님께서는 우리에게 그것을 원하시고 요구하십니다.

교회의 성사도 교회 자체와 마찬가지로 죽은 밀알의 열매입니다. 성사를 받는 것은 우리가 자기에게서 나와 이 움직임에 동참할 것을 요구합니다. 이는 자신에 대해 죽을 것을 요구하는 것입니다. 그렇게 하지 않으면 자기를 찾을 수 없을 것입니다. "제 목숨을 아끼는 사람은 그것을 잃을 것이요, 이 세상에서 제 목숨을 미워하는 사람은 그것을 보전하여 영원한 생명을 누리게 될 것입니다"(요한 12,25). 주님의 이 말씀은 그리스도인 삶의 기본 공식입니다. 신앙은 결국 자신을 죽이는 이 거룩한 모험에 '예'라고 대답하는 것입니다. 그리고 그러한 신앙의 가장 깊은 곳에는 참된 사랑이 있습니다. 그리스도인의 삶의 모습은 예수 그리스도의 십자가와 세상을 향한 그리스도교적 개방성에서 형성됩니다. 오늘날 우리는 이에 대해 많은 말을 듣지만, 극도에 다다른 사랑의 표현인 주님의 열린 옆구리가 아닌 다른 것에서는 진정한 원형을 찾을 수 없습니다. 오직 그 사랑만이 구원할 수 있습니다.

십자가에 못 박힌 시체에서 피와 둘이 흘러나왔습니다. 이것은 죽음의 나락까지 떨어진 그분의 실패를 상징하는 죽음의 표시입니다. 하지만 동시에 새로운 시작을 나타냅니다. 십자가에 못 박힌 이는 부활하고 더 이상 죽지 않을 것입니다. 죽음의 심연에서 영원한 삶에 대한 약속이 솟아오릅니다. 부활절 아침, 승리의 빛이 예수 그리스도의 십자가에 비칩니다. 그러므로 십자가의 그분과 함께 산다는 것은 부활의 기쁨의 약속 아래 사는 것을 의미합니다.

기도

주 예수 그리스도님, 이 성금요일에 당신과 당신의 꿰뚫린 심장을 바라볼 수 있게 해 주십시오. 날마다 헛되고 비천한 것을 즐기는 우리 눈과 정신이 이 시간의 모든 감추인 것들을 관통하여 진정한 구원자를 보게 해 주십시오. 당신은 백 배의 사랑의 열매를 맺는 죽은 밀알이십니다. 우리는 그러한 당신으로부터 살고 있습니다. 주님, 당신께서 우리를 밀알로 쓰기를 원하신다면, 허풍 떨면서 숨어 있는 자기 보호의 작은 모자 안에서 우리를 꺼내고 싶으시다면 우리가 어찌 주저하겠습니까? 어찌 버티겠습니까?

오, 주님, 당신께서는 우리가 얼마나 약한지, 작은 어둠도 얼마나 견딜 수 없어 하는지, 우리가 우리 자신에게 고착되어 있는 것이 얼마나 끔찍한지 아십니다. 우리를 자유롭게 해 주십시오. 우리가 두려움의 문턱을 넘어서도록, 우리가 할 수 없는 것을 극복하도록 이끄십시오. 당신의 열린 심장에서 흘러나오는 끝없는 풍성함을 우리에게 주십시오. 아멘.

청원

하느님의 거룩한 교회를 위해 기도합니다. 오, 주님, 당신께 청합니다. 혼란스럽고, 구하고 찾고자 하는 이 시대를 인도하여 주소서. 당신을 향한 믿음 한가운데 사는 거룩한 이들을 오늘날 우리에게 보내 주소서. 일치, 다른 이들과 하나 되고자 하는 인내, 사랑의 지탱하는 힘, 믿음의 거룩한 어리석음을 향한 용기를 주소서.

"주님, 저희에게 자비를 베푸소서."

하느님을 찾는 자, 유혹에 빠진 자, 잘못을 저지른 자를 위해 기도합니다. 오, 주님, 판에 박힌 말로 편하게 도망치려는 유혹에서, 가장 천박한 방법들의 횡포 한가운데서 하느님을 찾는 이들을 도와주시고, 유혹에 빠진 자에게 힘을 주소서. 당신께서 인도하는 사람들은 그들을 압도하는 끔찍한 허무를 견딜 수 있습니다. 우리를 흔들리게 하는 의심 속에서 빛이 되어 주소서. 오류에 빠진 자, 박해하는 자에게 당신을 보여 주소서. 어쩌면 그는 깊이 찾고 있는 자일지도 모릅니다.

"주님, 저희에게 자비를 베푸소서."

평화가 없는 곳에 평화를 주소서. 당신만이 인간의 끔찍한 완고함 속에서 평화를 주실 수 있습니다. 굶주린 자를 먹이고 벌거벗은 자를 입히고 부서진 자를 위로해 주소서. 당신은 모든 이의 위로자이십니다.

"주님, 저희에게 자비를 베푸소서."

성토요일

첫 번째 묵상

하느님의 죽음에 대한 말이 우리 시대에 더욱 진동합니다. 우선, 장 폴 사르트르에게 그것은 악몽과 같은 것입니다. 돌아가신 예수님은 죽음에서 나와 세상의 꼭대기에서, 이 세상으로의 여정에서 아무것도 찾을 수 없었다고 선언하십니다. 이 악몽 속에는 천국도, 보복하는 하느님도 없습니다. 끝없는 무無, 공허한 침묵만이 있습니다. 신의 죽음은 악몽 같은 것입니다. 잠에서 깨어나도 떨쳐지지 않는 괴로운 꿈이며, 한 번 겪은 두려움이지만 영혼의 밑바닥에 음습하게 깔려 있어 결코 완전히 사라지지 않습니다. 백 년 후, 니체와 더불어 이 끔찍한 엄숙함은 공포의 날카로운 비명으로 다시 한 번 울려퍼졌습니다. "신은 죽었다! 신이 죽은 채로 있다. 우리가 신을 죽였다!" 그러고 나서 다시 오십 년이 지나 사람들은 이제 학문적 초연함으로 그것에 대해 말하고, "신의 죽음 이후의 신학"에 적응하기 시작했습니다. 일이 어떻게 될지 지켜보면서 하느님의 대리자로 뛰어들 준비를 하라고 인간을 격려합니다. 침묵의 심연인 성토요일의 이 두려운 신비는 우리 현실에도 억압적인 실재로 존재합니다. 이것이 성토요일이기 때문입니다. 즉, 하느님이 묻힌 날, 우리가 신앙고백에서 '지옥으로 내려가셨다',[1] 죽음의 신비로 내려갔다고 말하는 엄청난 역설의 날입니다. 성금요일에는 꿰뚫린 상처를 봅니다. 성토요일에는 비어 있습니다. 새 무덤의 무거운 돌이 돌아가신 분을 덮고, 모든 것이 끝났고, 믿음은 결국 망상으로 드러나는 것처럼 보입니다. 하느님의 아들이라 불린 이 예수를

---

1 새로운 교회일치적 번역은 '지옥'(고성소)이라는 단어가 이 문맥에서 야기할 수 있는 오해를 배제하기 위해 '저승에 가시어'라고 말한다. 이는 히브리어 성경 본문의 히브리어 셰올*Sheol*을 더 정확하게 번역하기 위한 시도이기도 하다. 어떤 독일어 번역도 문장의 다층적인 관념적 내용을 다 포착할 수 없다. 이를 위해서는 신앙 조목보다 신앙사 맥락에서 묵상의 발전 과정을 살피는 것이 필요하다. 두 번의 '성토요일 묵상'에서 이러한 발전을 시도했다. (가톨릭과 루터교회가 공동 대화위원회를 구성한) 1967년의 상황에서는 이전의 공식에 출발점이 놓여 있기는 했지만, 원본 텍스트에 중점을 두고, 새 번역과 이전 번역의 특별한 뉘앙스를 모두 포함하고자 했다.

구원하는 하느님은 없습니다. 사람들은 이제 마음을 놓습니다. 무언가 다른 것이 있는 것은 아닐지 이전에 살짝 마음이 흔들렸던 냉정한 사람들, 그들이 옳았습니다.

하느님을 장사 지낸 날인 성토요일은 우리의 하루가 스산하지 않습니까? 우리 세기가 하나의 커다란 성토요일이 되기 시작하지 않습니까? 제자들의 마음에 차가운 공허함이 차오르는 하느님 부재의 날, 그리하여 그들은 부끄럽고 겁에 질려 집으로 갈 채비를 했습니다. 그들은 엠마오로 가는 길에서 막막하고 불안해하며 절망에 빠졌습니다. 우리도 그들과 같지 않습니까? 죽었다고 믿었던 이가 자기들 가운데 있다는 것을 전혀 알아차리지 못하는 그들과 같지 않습니까? '신은 죽었다. 우리가 죽였다.' 우리는 이 문장이 거의 문자 그대로 그리스도교 전통의 언어에서 온 것임을 정말로 몰랐습니까? 우리는 십자가의 길 기도에서 무거운 진지함이라고는 없이, 우리가 하는 말에 담긴 기괴한 사실을 자각하지 못한 채 이와 비슷한 말을 중

성토요일

얼거립니다. 우리는 그분을 낡은 사고방식의 집안에 가두었습니다. 현실성 없고 거룩한 문구나 고고학적 보물이 되게 하여 그분을 경건함 속으로 쫓아 버렸습니다. 그렇게 우리는 그분을 죽였습니다. 우리는 그분을 모호하게 하는 우리 삶의 불확실성으로 그분을 죽였습니다. 그분을 믿는 이들의 믿음과 사랑에 대한 불신보다 이 세상에서 하느님을 더 의심스럽게 만드는 것이 무엇이겠습니까?

이 세기는 점점 더 성토요일이 되어 가고 있습니다. 오늘날, 하느님 고난이 우리의 양심에 말하고 있습니다. 하느님의 고난은 우리와 관련이 있습니다. 그러나 이 모든 것에도 불구하고 하느님의 고난에는 위로를 주는 어떤 것이 있습니다. 예수 그리스도 안에서 하느님의 죽으심은 우리와의 근본적인 연대를 표현하기 때문입니다. 믿음의 가장 어두운 신비가 한계 없는 희망의 가장 밝은 표시이기도 합니다. 그리고 한 가지 더, 성금요일의 실패를 통해서만, 성토요일의 죽음의 침묵을 통해서만 제자들은 예수님이 참으로 누구인지 그분의 복음이 실제로 어떤 의미였는지 이해하도록 이끕니다. 하느님이 그들 안에서 참으로 살아 있기 위해서는 그들을 위해 죽어야만 했습니다. 그들이 그분에게 덧씌우려 했고, 그들이 만든 하느님 형상은 파괴되어야 했습니다. 그 완전히 파괴된 집의 폐허에서 그들은 이제와 영원히, 무한히 더 위대한 자로 계시는 그분을 볼 수 있습니다. 우리에게는 하느님의 어둠이 필요합니다. 우리에게는 하느님의 침묵이 필요합니다. 그분의 위대하신 심연을 경험하기 위해서입니다. 그분이 그렇게 하지 않으셨다면 우리의 구無의 심연이 열렸을 것입니다.

복음서에는 성토요일의 침묵을 극적인 방식으로 예고하는 장면이 있습니다. 이 장면은 또한 우리 시대의 자화상 같습니다. 그리스도께서 거센 돌풍에 휩싸여 침몰하는 배에서 잠들어 계십니다(마태 4,35-41 참조). 구약에서 예언자 엘리야는 바알 예언자들에게 그들의 신에게 빌어 제물에 불이 붙게 해 보라고 했습니다(1열왕 18,27 참조). 엘리야는 헛되이 소리치는 그들을 향해 잠들어 있는 그들의 신을 깨우기 위해 더 크게 소리쳐야 한다며 조롱했습니다. 그런데 하느님이 정말로 잠든 것은 아닐까요? 예언자의 조롱은 예수님과 함께 가라앉는 배를 타고 가는 이스라엘 하느님의 신자들을 향한 것은 아니었을까요? 하느님은 자신의 사명이 침몰하는 동안 잠을 잡니다. 이는 우리 삶에서도 일어나지 않나요? 교회가, 신앙이 하느님이 부재한 동안 바람과 파도에 맞서 헛되이 싸우는 가라앉는 작은 배처럼 보이지 않습니까? 제자들은 극도의 절망 속에서 주님을 흔들고 소리 지르며 깨웁니다. 그러나 그분은 믿음이 약한 그들을 꾸짖습니다. 우리는 다른가요? 돌풍이 지나가면 우리의 작은 믿음이 얼마나 어리석은지 알게 될 것입니다.

그러나 주님, 우리는 침묵하고 있는 당신을, 잠들어 계신 하느님을 소리쳐 부르고 흔들 수밖에 없습니다. 일어나십시오. 당신은 우리가 가라앉는 것을 볼 수 있으십니까? 일어나십시오. 성토요일의 어둠이 끝이 없도록 두지 마십시오. 부활의 한 줄기 빛이 우리 시대에도 떨어지게 해 주십시오. 우리가 희망을 잃고 엠마오로 향할 때 우리와 함께 해 주십시오. 당신 곁에서 우리 마음이 타오를 것입니다. 당신은 마지막까지 우리 인간과 함께 있기 위해 자신을 숨기며 이스라엘의 길을 동행하셨습니다. 우리를 어둠 속에 내버려 두지 마십시오. 당신 말씀이 오늘날의 요설들 속에서 사라지게 과 두지 마십시오. 주님, 우리를 구하소서. 당신이 없으면 우리는 침몰합니다. 아멘.

두 번째 묵상

이 세상에서 하느님의 은폐는 성토요일의 근본적인 신비이며, 예수님께서 "지옥으로 내려가셨다"는 수수께끼 같은 말로 우리에게 설명됩니다. 우리 시대의 경험이 성토요일에 관해 완전히 새롭게 접근할 것을 요구합니다. 본디 수천 개의 언어로 그분에 관해 선포해야 하는 세계 속에서 하느님은 은폐되고, 세계는 전능하신 하느님의 무력함을 경험했기 때문입니다. 이는 우리 시대의 고난입니다.

성토요일을 우리가 내적으로 깊이 받아들인다면, 구약이 이야기하는 폭풍우와 뇌우 속의 강력한 하느님 현현보다 성토요일의 하느님을 더 이해한다면 한 가지 의문점이 남습니다. 예수님께서 "지옥으로 내려가셨다"는 수수께끼 같은 말이 실제로 더 자세하게 무엇을 의미하는가 하는 것입니다. 터놓고 말해 봅시다. 누구도 이를 분명하게 설명할 수 없습니다. '지옥'이 단순히 죽음의 영역을 의미하는 히브리어 셰올*Scheol*의 잘못된 번역이라고 확언한다고 해서 근본적으로 분명해지지 않습니다. 이 문장이 말하고자 하는 바는 오직 예수님이 죽음의 깊은 곳으로 내려가셨고, 정말로 죽으셨으며, 우리 필멸의 운명의 심연에 참여하셨다는 것입니다. 이제 질문이 제기됩니다. '죽음이란 실제로 무엇인가? 사람이 죽음의 심연으로 떨어졌을 때 어떤 일이 발생하는가?' 이와 더불어 우리가 기억해야 할 것이 있습니다. 죽음은 그리스도께서 죽음 안으로 들어가신 이후부터, 그리스도께서 죽음을 뚫고 들어가 받아들인 이후부터 더 이상 같지 않다는 것입니다. 그리스도 안에 있는 인간 본성이 하느님의 존재를 만질 수 있었고, 만진 이후부터 인간존재의 생명이 더 이상 같지 않듯이 말입니다.

이전에 죽음은 그저 죽음이었습니다. 살아 있는 것들의 땅에서 분리되는 것이었습니다. '지옥'과는 다른 깊이라 하더라도, 존재의 밤, 뚫을 수 없는 어둠이었습니다. 그러나 죽음 또한 삶입니다. 죽음의 문을 지나 얼음과도 같은 고독을 통과할 때 우리는 우리의 마지막 외로움에 동반자가 되기를 원하는 생명이신 그분을 만납니다. 그분은 올리브산에서 죽음과도 같은 외로움 가운데서, 또 십자가 위에서 "나의 하느님, 나의 하느님, 어찌하여 나를 버리셨습니까?"라고 외치며 우리 버려짐에 동반자가 되셨습니다. 어린아이가 혼자 한밤중에 숲을 지나가야 한다면, 거기에는 아무 위험이 없다고 모든 이가 확인해 주더라도 무서울 것입니다. 이름 붙일 수 있는 어떤 특정한 것이 두려운 것이 아닙니다. 어둠 속에서 의지할 곳 없음, 평정심을 잃음, 존재의 스산함을 경험합니다. 인간의 목소리만이 위로할 수 있습니다. 사랑하는 사람의 손만이 악몽과도 같은 두려움을 쫓아 버릴 수 있습니다. 우리 외로움의 깊은 곳에는 근본적인 두려움이 자리하고 있습니다. 이 두려움은 이성이 아니라 사랑하는 사람의 존재로만 극복될 수 있습니다. 이 두려움은 이름을 붙일 수 있는 것이 아니며, 우리의 궁극적인 외로움의 스산함이기 때문입니다.

버림받았다는 두려움을 한 번도 느껴 보지 못한

사람이 있을까요? 그런 순간에 사랑의 말이 위로하는 기적을 경험해 보지 않은 사람이 있을까요? 그러나 사랑의 말이 더 이상 스며들지 못해 변화될 수 없는 외로움이 생기는 곳, 우리는 그곳을 지옥이라고 말합니다. 적지 않은 사람들이 우리 시대가 겉으로만 낙관적으로 보인다는 것에 동의할 것입니다. 모든 만남은 표피에 머물러 있습니다. 어떤 사람도 다른 이의 최종적이고 궁극적인 깊이까지 들어갈 수 없습니다. 그리고 우리 모든 존재의 가장 깊은 심연에 절망, 그렇습니다, 지옥이 삽니다. 장 폴 사르트르는 이것을 자신의 희곡에서 예술적으로 표현했으며, 동시에 인간에 대한 자기 생각의 핵심을 폭로했습니다. 그리고 한 가지는 확실합니다. 어떤 위로의 목소리도 뚫고 들어오지 못하는 어두컴컴한 버려짐 속에 있는 밤이 있습니다. 우리는 오로지 혼자 그 문을 통과해야 합니다. 바로 죽음의 문입니다. 이 세상의 모든 두려움은 궁극적으로 이 외로움에 대한 두려움입니다. 그러므로 구약성경에서 죽음의 영역을 뜻하는 단어와

지옥을 뜻하는 단어는 셰올*Scheol* 하나였습니다. 죽음은 절대적 외로움이기 때문입니다. 사랑이 더 이상 비치지 않는 외로움, 너무 깊어서 사랑이 더 이상 들어갈 수 없는 외로움이 지옥입니다.

"지옥으로 내려가셨다." 성토요일의 이 고백은 그리스도께서 고독의 문을 통과하셨고, 도달할 수 없고 극복할 수 없는 우리의 버림받음의 밑바닥까지 그분이 떨어지셨다는 것을 뜻합니다. 이 말은 마지막 밤에, 더 이상 어떤 말도 뚫을 수 없을 때, 우리 모두가 울고 버림받은 아이일 때, 우리를 부르는 목소리가, 우리를 이끌고 인도하는 손이 있다는 뜻이기도 합니다. 인간의 극복할 수 없는 외로움은 그분이 그 안에 계신 이후부터 극복되었습니다. 사랑이 죽음의 영역에 들어간 이후부터, 아무도 살지 않던 그 외로움의 땅에 그분이 거하신 이후부터 지옥은 극복되었습니다. 인간은 빵만으로 살지 않습니다. 사랑받고 사랑하며 사는 거기에서부터 인간은 인간존재의 본질로 삽니다. 죽음의 영역에 사랑이 머무른 이후부터 죽음 한가운데 생명이 있습니다. 교회는 장례미사에서 이렇게 기도합니다. '주님, 당신의 신자들은 생명을 박탈당하지 않았습니다. 변화되었을 뿐입니다.'

"지옥으로 내려가셨다." 아무도 이 말이 궁극적으로 의미하는 바를 알지 못합니다. 그러나 우리에게도 마지막 외로움의 시간이 다가오면 이 어둠의 신비의 큰 빛을 이해할 수 있을 것입니다. 가장 깊은 곳에 버려진 순간에 혼자가 아닐 것이라는 희망 가득한 확신에서 우리는 그 신비를 조금 추측할 수 있습니다. 그리고 하느님의 죽음의 어둠에 대해 거부감을 느끼지만, 바로 거기에서 우리는 이 어둠에서 우리에게 오는 빛에 대해 감사하게 될 것입니다.

세 번째 묵상

성무일도 성삼일 전례는 특히 세심하게 구성되어 있습니다. 교회는 이 기도를 통해 우리를 주님이 겪으신 수난의 현실로 끌어들이고자 합니다. 말을 넘어서 일어난 사건의 영적 중심으로 우리를 이끌고자 합니다. 성토요일의 기도 전례에 대해 간략하게 말하고자 한다면 우선 그 전례가 발산하는 평화를 느낄 수 있을 것입니다. 그리스도께서는 은폐되셨습니다. 그러나 뚫을 수 없는 어둠 한가운데서 안전한 은신처로 들어가셨습니다. 그렇습니다. 그분 자신이 우리 모두를 위한 궁극적인 보호처가 되셨습니다. 이제야 시편 저자의 대담한 말이 실현되었습니다. "제가 저승에 잠자리를 펴도 거기에 또한 계십니다"(시편 139,8). 이 전례는 그런 것입니다. 전례가 진행되면서 새벽 여명이 밝아 오듯 부활절 아침의 첫 빛이 전례 안으로 스며들어 옵니다. 성금요일이 꿰뚫린 분의 상처투성이 십자가를 보여 준다면, 성토요일 전례는 옛 교회의 십자가를 연상시킵니다. 즉, 발산하는 빛으로 둘러싸인 십자가는 부활과 죽음을 동시에 나타냅니다.

그러므로 성토요일은 시간이 지나면서 우리 의식에서 너무 많이 사라진 그리스도교 신심의 한 측면을 다시 한번 보여 줄 수 있습니다. 오늘날 십자가에 대한 기도를 보면 대부분 골고타에서 겪으신 주님의 역사적 고난에 대해서 언급합니다. 그러나 십자가 신심의 기원은 다른 것입니다. 그리스도인들은 동쪽을 향해 기도했습니다. 참태양이신 그리스도께서 역사를 넘어 떠오르실 것이라는 희망의 표현이었으며, 주님의 재림에 대한 믿음의 표현이었습니다. 십자가는 기도의 이 동쪽 방향과 밀접하게 연결되어 있습니다. 왕의 도착을 먼저 알리는 군기軍旗와 같이 표현됩니다 십자가의 이미지로 기도 중에 이미 그분의 도착 소식이 전해집니다. 초기 그리스도교에서 십자가는 희망의 상징이었습니다. 단순히 과거에서 온 증여물이 아니라 오실 주님을 향한 지향인 것입니다. 점차 진보

하면서 역사적 사건을 점점 더 되돌아보며 몰두하는 것은 분명 불필요한 일이 아닙니다. 모든 것이 영적인 것으로 휘발하는 것에 반대하고, 하느님 육화를 얼버무리고 넘어가는 것에 반대하여 하느님 사랑이 혼란스럽게 낭비되는 것을 막아야 합니다. 그분은 비참한 피조물 인간을 위해 스스로 인간이 되셨습니다. 참된 인간이셨습니다! 주님이 행하신 사랑의 거룩한 어리석음이 옹호되어야 합니다. 그분은 단순하게 절대명령을 말하지 않았습니다. 우리의 권력을 향한 욕망을 부끄럽게 하고 내면에서부터 극복하기 위해 무력無力함의 길을 택하셨습니다.

그러나 우리는 십자가와 희망의 관계, 십자가가 동쪽에 놓이는 것, 그리스도교의 미래와 과거의 일치를 잊고 있는 것은 아닐까요? 성토요일의 기도에 숨 쉬고 있는 희망의 정신은 모든 그리스도인에게 새롭게 스며들어야 합니다. 그리스도교는 단순히 과거의 종교가 아닙니다. 미래의 종교이기도 합니다. 그리스도교의 믿음은 바로 희망입니다. 그리스도는 돌아가시고 부활하신 것만이 아니라 오실 분이기 때문입니다.

주님, 희망의 신비가 우리 영혼을 비추게 해 주십시오. 당신 십자가에서 나오는 빛을 우리가 깨닫게 해 주십시오. 그리스도인으로서 당신 부활의 날을 향해 나아가게 해 주십시오. 아멘.

기도

주 예수 그리스도시여, 죽음의 어둠 속에서 빛이 되어 주소서. 가장 깊은 고독의 심연에서 당신 사랑의 구원하는 힘이 영원히 거합니다. 당신의 은신처 한가운데서 우리는 구원받은 자들의 알렐루야를 노래할 수 있습니다. 당신께서 우리를 모든 것이 불확실해 보이는 어둠과 버려짐의 시간으로 부르실 때, 현혹되지 않는 겸손한 믿음의 단순함을 주소서. 당신의 사명이 단말마의 고통 속에 싸여 있는 오늘날에 당신을 잃지 않도록 빛을 주소서. 당신의 빛을 더 필요로 하는 이들에게 우리가 빛이 될 수 있도록 더 많은 빛을 주소서. 우리 시대에 당신 부활의 기쁨의 신비가 아침놀처럼 빛나게 해 주소서. 역사의 성토요일의 한가운데서 진정한 부활의 사람이 되게 하소서. 우리 시대의 빛나고 어두운 날들을 통과해 당신의 다가오는 영광을 향해 기쁨에 넘쳐 나아가게 하소서. 아멘.